쥐라기에서 길을 잃다?! **5**

글| 레드코드, 알비 그림| 에어 팀
감수| 코바야시 요시츠구 (홋카이도대학 종합박물관 부교수)

학산문화사

등장인물

다빈치 박사가 이끄는 X벤처 조사대. 박사가 발명한 타임머신을 타고 시공을 뛰어넘어 여행하면서 다양한 의문을 해결하는 것이 임무.

레인
주목 받고 싶어 하는 까불이지만 친구를 아낀다. 타고난 왕성한 호기심으로 먼 옛날 생물과도 금세 친해진다.

스톤
마음씨가 착하고 힘이 세다. 수리 및 정비 담당으로 평소엔 별로 눈에 띄지 않지만 결정적인 순간 의지할 수 있는 존재다.

숀
풍부한 지식을 바탕으로 논리를 세워 사물에 대처하는 두뇌파. 정반대인 레인과는 대립하는 경우가 많다.

스타즈
다빈치 박사가 발명한 로봇. 몸집은 작지만 스캔, 분석, 기록, 촬영, 회화 등 고도의 기능으로 조사대를 돕는다.

다빈치 박사
국립과학연구소의 박사.
타임머신을 만들 정도로 천재적인 발명가지만 게으름뱅이.

다이애나
다빈치 박사의 연구를 돕는 조수.
유능하고 침착한 성격이지만 화가 나면 제일 무섭다.

에밀리
컴퓨터가 특기.
조사에 나설 때도 있지만 연구실에서 친구들을 지원할 때도 있다.
레인과는 앙숙.

지금까지의 줄거리
다빈치 박사의 연구실과 함께 먼 옛날로 와 버린 조사대. 각각의 시대의 생물들과 접하면서 21세기를 향해 가지만 그 길은 멀기만 한데….

차례

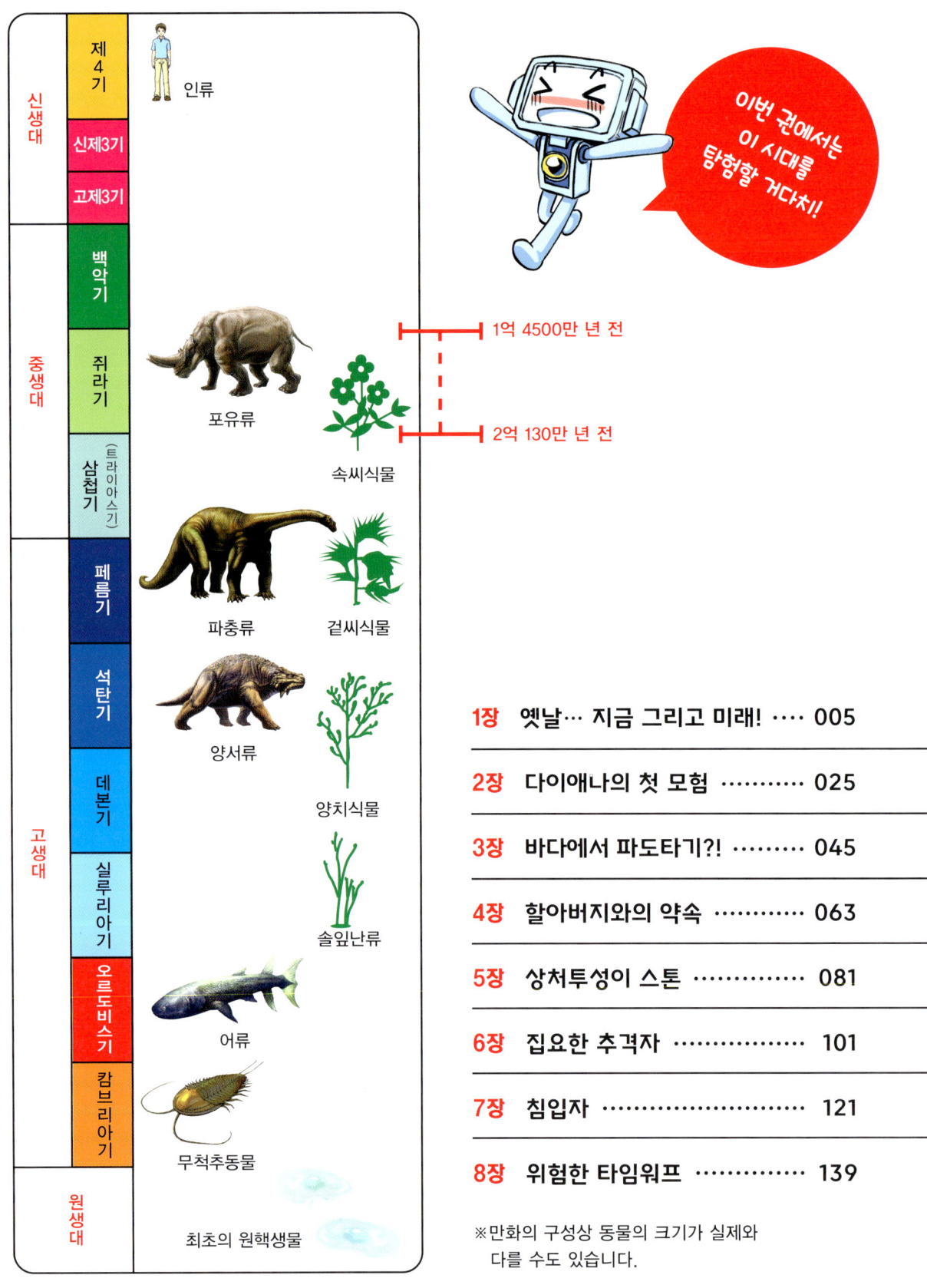

1장 옛날… 지금 그리고 미래! ···· 005

2장 다이애나의 첫 모험 ·········· 025

3장 바다에서 파도타기?! ········ 045

4장 할아버지와의 약속 ·········· 063

5장 상처투성이 스톤 ············· 081

6장 집요한 추격자 ················ 101

7장 침입자 ························· 121

8장 위험한 타임워프 ············· 139

※만화의 구성상 동물의 크기가 실제와 다를 수도 있습니다.

1장
옛날…
지금 그리고 미래!

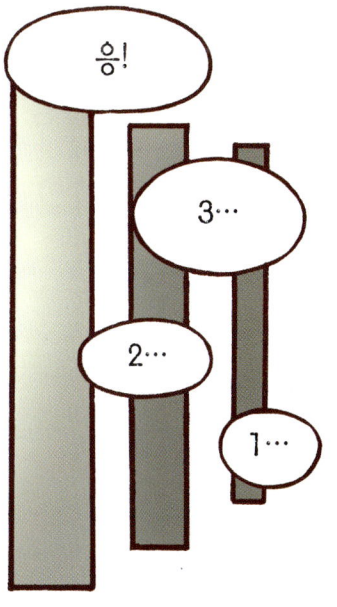

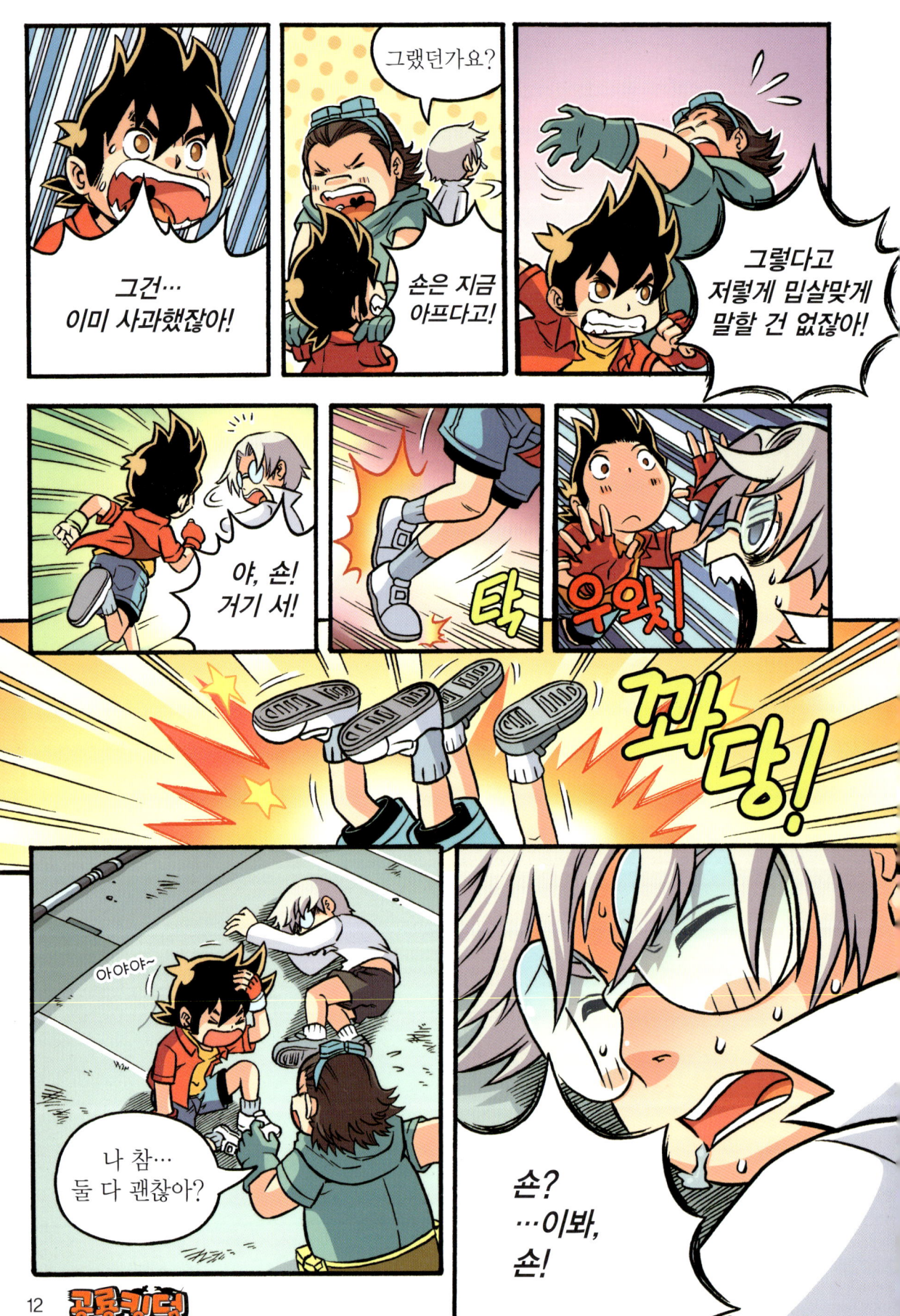

레인! 걱정 마.

걷는 편이 경치를 즐길 수 있거든!

그렇지~!

그럼 출발이다!

또한 바다의 면적이 넓어짐으로써 일찍이 사막이었던 곳에 비가 많이 내리게 되어 식물이 무럭무럭 자랐다.

쥐라기의 대륙 상태

쥐라기 초기, 초대륙 판게아는 두 개로 나뉘어 남쪽은 곤드와나 대륙, 북쪽은 로라시아 대륙으로 분열되기 시작했다. 이 두 개의 대륙이 후에 다시 각각 분열해 지금과 같은 대륙의 모양을 만들게 된다. 후에 대서양이 될 바다가 아프리카와 남북 아메리카를 떼어 놓으면서 더욱 넓어지고, 남극 대륙, 인도, 오스트레일리아가 모양을 잡기 시작한다.

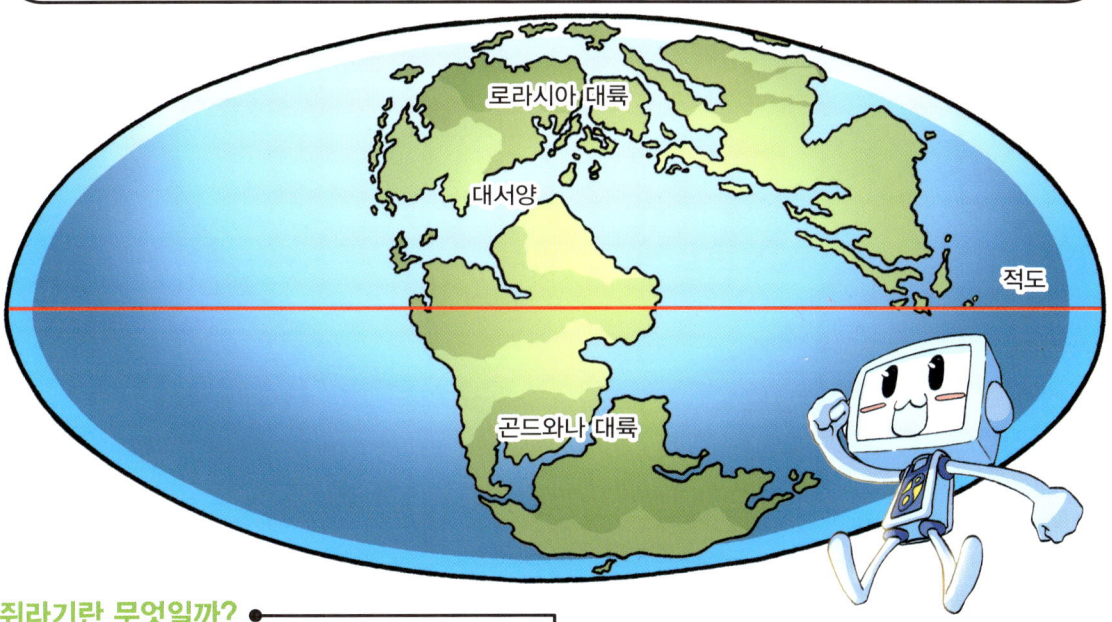

쥐라기란 무엇일까?

쥐라기는 중생대 두 번째 시대로 약 2억 130만 년 전에 시작해 1억 4500만 년 전에 끝났다. 그런데 끝난 시기에 대해서는 아직 크게 의견이 갈리고 있다. 분명히 말할 수 있는 것은 쥐라기는 트라이아스기가 끝날 때 일어난 대멸종 후에 시작됐다는 것이다. 이 대멸종으로 인해 트라이아스기에 서식했던 생물의 대부분이 사라지면서 공룡에게 진화의 길을 양보했다.

쥐라기에는 어떤 동물이 살았을까?

쥐라기에는 조반류와 용반류의 공룡이 각각 번영했다. 또한 이 시대에는 다양한 종류의 곤충과 소형 파충류뿐만 아니라 소형 포유류도 서식했다. 바다에서는 해양 파충류가 세력권을 가졌고, 하늘은 익룡이 지배했다.

어째서 [공룡]이란 이름이 붙었을까?

공룡 화석은 19세기 이전부터 발견되었지만 당시 사람들은 그것을 괴물의 뼈라 여겼다. 19세기가 되어 비로소 영국의 의사이자 고생물학자인 기디언 맨텔이 그것들은 멸종한 생물의 뼈라는 견해를 발표했다. 1842년에는 영국의 고생물학자 리처드 오언이 그리스어의 [무서운(deinos)]과 [도마뱀(sauros)]을 합쳐 [공룡(恐龍, Dinosauria)]라는 이름을 붙였다.

공룡이 살았을 때의 모습을 어떻게 알 수 있을까?

화석의 모양을 꼼꼼히 분석하고 거기에 해부학 지식을 적용하여 공룡 몸의 구조와 당시 모습을 예상해 볼 수 있다.

화석은 어떻게 만들어지는 걸까?

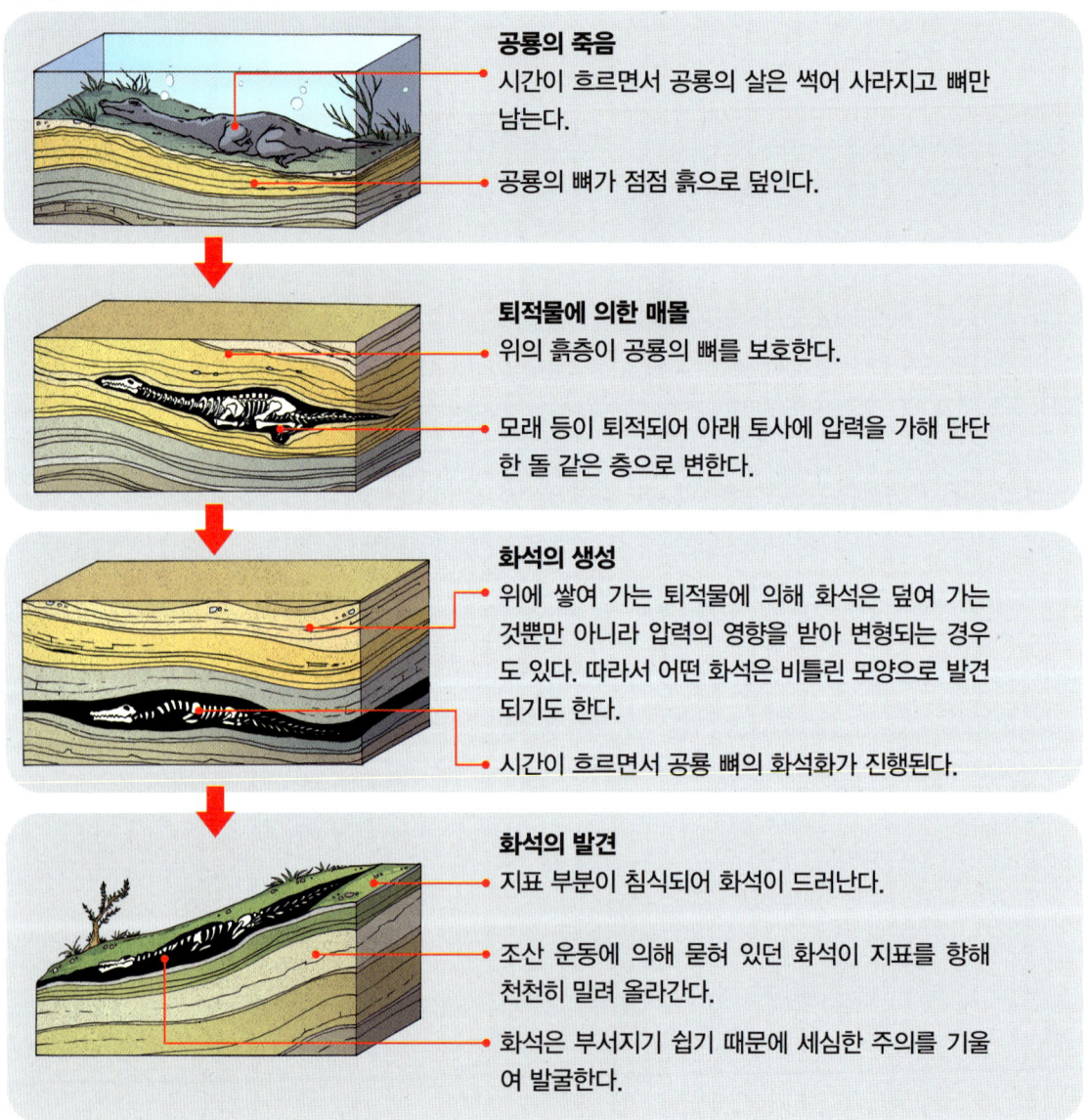

공룡의 죽음
- 시간이 흐르면서 공룡의 살은 썩어 사라지고 뼈만 남는다.
- 공룡의 뼈가 점점 흙으로 덮인다.

퇴적물에 의한 매몰
- 위의 흙층이 공룡의 뼈를 보호한다.
- 모래 등이 퇴적되어 아래 토사에 압력을 가해 단단한 돌 같은 층으로 변한다.

화석의 생성
- 위에 쌓여 가는 퇴적물에 의해 화석은 덮여 가는 것뿐만 아니라 압력의 영향을 받아 변형되는 경우도 있다. 따라서 어떤 화석은 비틀린 모양으로 발견되기도 한다.
- 시간이 흐르면서 공룡 뼈의 화석화가 진행된다.

화석의 발견
- 지표 부분이 침식되어 화석이 드러난다.
- 조산 운동에 의해 묻혀 있던 화석이 지표를 향해 천천히 밀려 올라간다.
- 화석은 부서지기 쉽기 때문에 세심한 주의를 기울여 발굴한다.

화석은 뼈만 있을까?
화석이 되는 것은 뼈만이 아니다. 공룡의 똥이나 발자국도 중요한 화석의 하나다. 이런 화석은 자체가 귀중한 단서가 된다.

공룡 특유의 발자국

대형 수각류의 발자국
이족 보행을 하는 대형 육식공룡은 앞에 3개의 발톱 자국이 있는 독특한 발자국을 남긴다.

소형 수각류의 발자국
몸이 가벼운 소형 수각류는 가는 발가락을 특징으로 한 발자국을 남긴다.

각룡류의 발자국
무거운 몸으로 사족 보행을 하는 각룡류(트리케라톱스 등)는 깊게 푹 파인 발자국을 남긴다.

용각류의 발자국
각룡류보다도 무거운 용각류는 거대하고 깊게 푹 파인 둥그런 발자국을 남긴다.

공룡의 몸에 대해 알아보자!

케라토사우루스는 쥐라기 후기에 번성한, 수각류에 속하는 이족 보행 육식공룡이다. 강한 뒷다리와 근육을 갖고 있으며 먹잇감을 사냥하는 것이 특기였다.

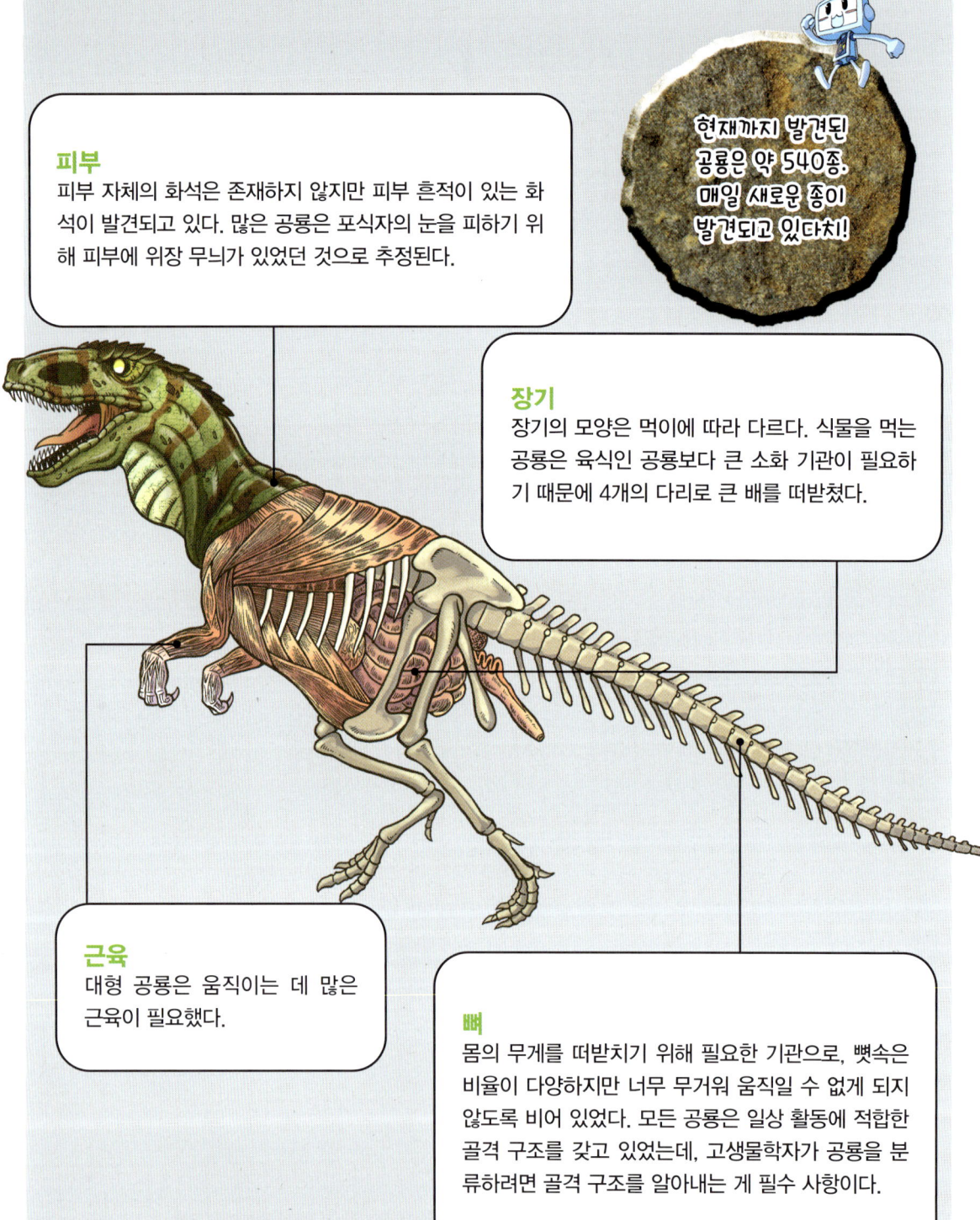

피부
피부 자체의 화석은 존재하지 않지만 피부 흔적이 있는 화석이 발견되고 있다. 많은 공룡은 포식자의 눈을 피하기 위해 피부에 위장 무늬가 있었던 것으로 추정된다.

현재까지 발견된 공룡은 약 540종. 매일 새로운 종이 발견되고 있다치!

장기
장기의 모양은 먹이에 따라 다르다. 식물을 먹는 공룡은 육식인 공룡보다 큰 소화 기관이 필요하기 때문에 4개의 다리로 큰 배를 떠받쳤다.

근육
대형 공룡은 움직이는 데 많은 근육이 필요했다.

뼈
몸의 무게를 떠받치기 위해 필요한 기관으로, 뼛속은 비율이 다양하지만 너무 무거워 움직일 수 없게 되지 않도록 비어 있었다. 모든 공룡은 일상 활동에 적합한 골격 구조를 갖고 있었는데, 고생물학자가 공룡을 분류하려면 골격 구조를 알아내는 게 필수 사항이다.

2장
다이애나의 첫 모험

어릴 때 할아버지와 자주 연습장에 갔어….

할아버지라면 월리스 박사님 맞죠?

맞아! 바라파사우루스 연구자!

봐! 화석이랑 찍은 내 사진이야.

정말이네. 굉장하다.
다이애나가 작다!

할아버지는 두 번 다시 만날 수 없지만….
엑?!
그럴 수가!

오늘은 날씨가 좋네요, 다이애나….
어서 위로해 줘.

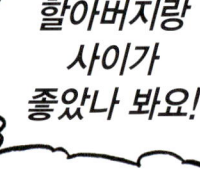
할아버지랑 사이가 좋았나 봐요!

그건 위로가 아니잖아!
미안….

됐어…. 괜찮아.

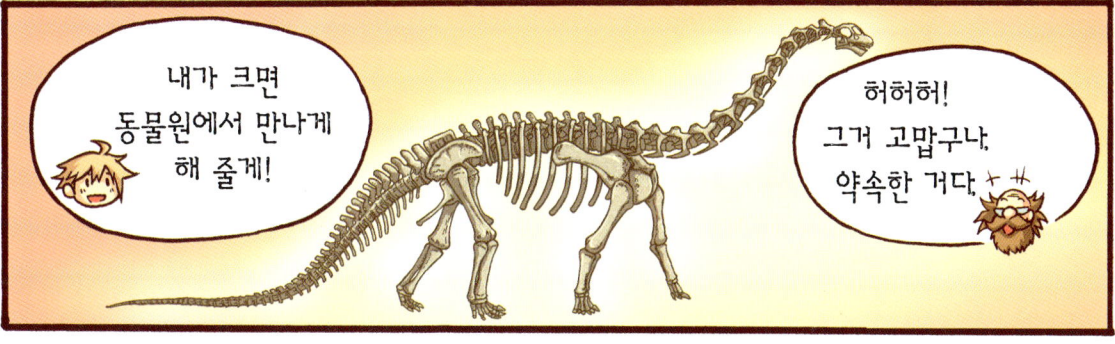

공룡 찾기 달인이라니까!

레인….

…이건 불카노돈이야!

에엑~?!

불카노돈은 바라파사우루스보다 작은 초식공룡이지! 용각류 특유의 작은 머리와 긴 목을 가졌어.

비슷하지만 자세히 보면 달라….

착각할 수도 있지, 뭐. 괜찮아.

맞아! 한 번쯤 실수한 게 무슨 대수라고!

단순하긴.

이쪽인가~?

응? 뭐야?

좋은 곳을 찾았다!

앗! 저기 봐!

여긴 좀 위험하니 그만두자~!

저건… 바라파사우루스 무리다!

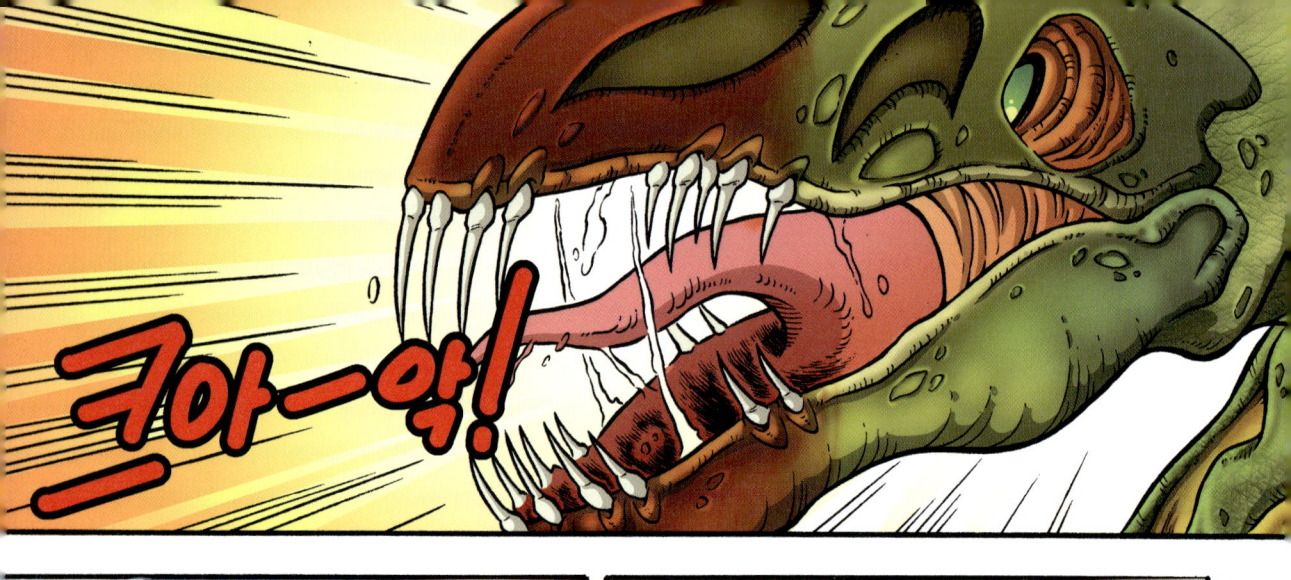

기다려요!

스톤, 너도 잡아!

꺄악~!

응

이게 무슨 좋은 생각이냐!

그래? 꽤 재밌는데!

그런데 해면에 너무 가까운 거 아니야?

꺄악~! 재밌다고 했던 말 취소!

파화-앗!

끼-익!

보글...
보글...

푸하~!

철썩...

쥐라기의 생물
불카노돈

용각류에 속하는 공룡 중에 크기는 작은 편이며, 몸집은 원시적인 용각형류와 비슷하지만 사족 보행을 하는 부분은 진화한 용각류와 비슷하다. 그래서 고생물학자들 사이에서 불카노돈은 용각형류와 용각류의 징검다리로 추측하고 있다.

- 학명 : *Vulcanodon*
- 몸길이 : 6.5m
- 먹이 : 식물
- 서식지 : 삼림 주변
- 발견된 곳 : 짐바브웨
- 생식시기 : 쥐라기 전기

쥐라기의 생물
마소스폰딜루스

원시적인 용각형류. 플라테오사우루스 같은 대형 공룡과 비교하면 작지만, 두 다리로 서서 높은 곳에 있는 나뭇잎을 먹을 수 있었다. 화석과 함께 매끄러운 돌이 발견되는 것으로 보아 식물의 소화를 돕기 위해 돌을 삼킨 것으로 보인다. 초식동물로 되어 있었지만 길고 날카로운 톱니 형태의 앞니를 갖고 있어 고기도 먹었을 것으로 추측된다.

- 학명 : *Massospondylus*
- 몸길이 : 5.0m
- 먹이 : 잡식으로 추정
- 서식지 : 삼림 주변, 건조 지대
- 발견된 곳 : 아프리카 남부
- 생식시기 : 쥐라기 전기

용반류의 진화

용반류는 공룡을 크게 둘로 나눈 그룹 중 하나이다. 그 대부분은 조반류보다 목이 길고, 기낭이 폐에 연결되어 있다는 특징이 있다. 용반류는 먹이의 차이에 따라 다시 2개의 그룹으로 나뉜다. 용반류 중에는 백악기 말에 일어난 대멸종에서 살아남아 후에 새롭게 진화한 종류도 있다.

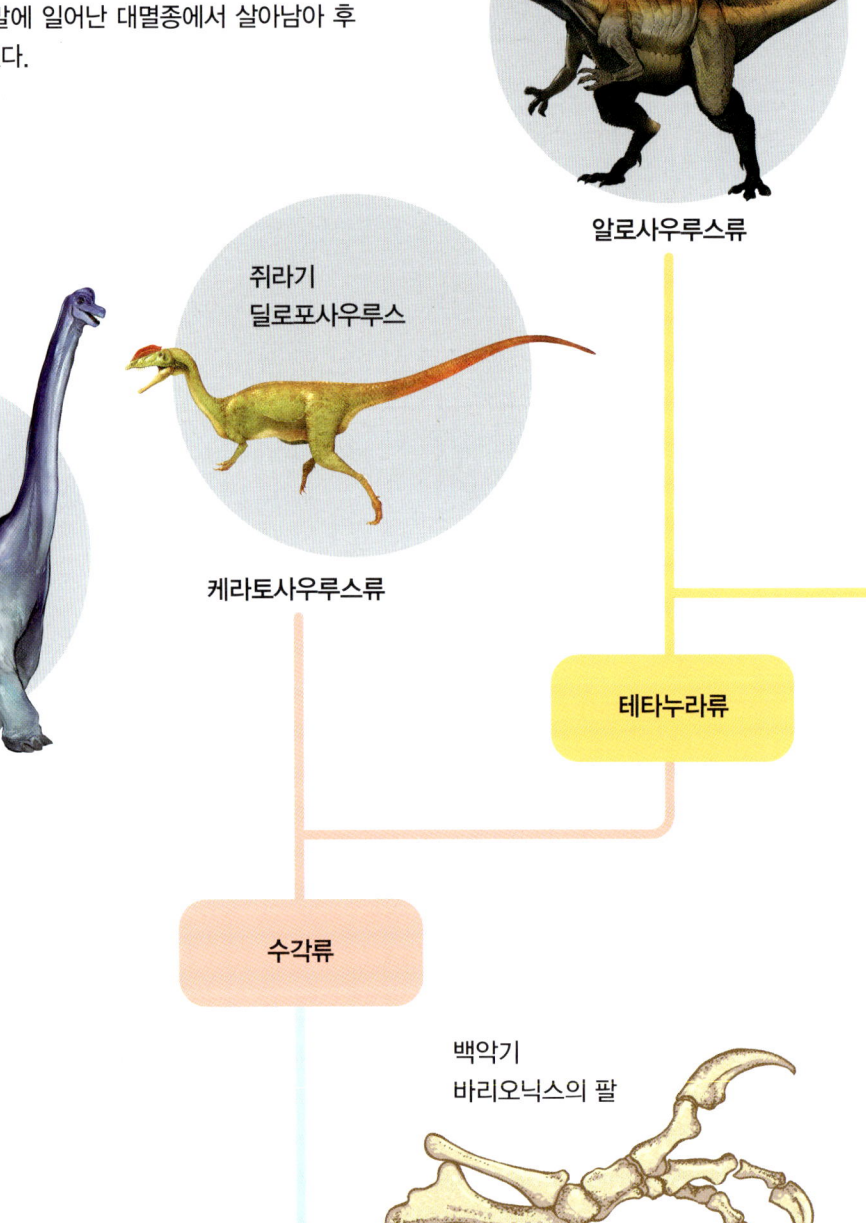

쥐라기
알로사우루스

알로사우루스류

쥐라기
딜로포사우루스

쥐라기 후기
브라키오사우루스

케라토사우루스류

용각형류

테타누라류

수각류

백악기
바리오닉스의 팔

바리오닉스는 손에 3개의 손가락이 있다.

용반류

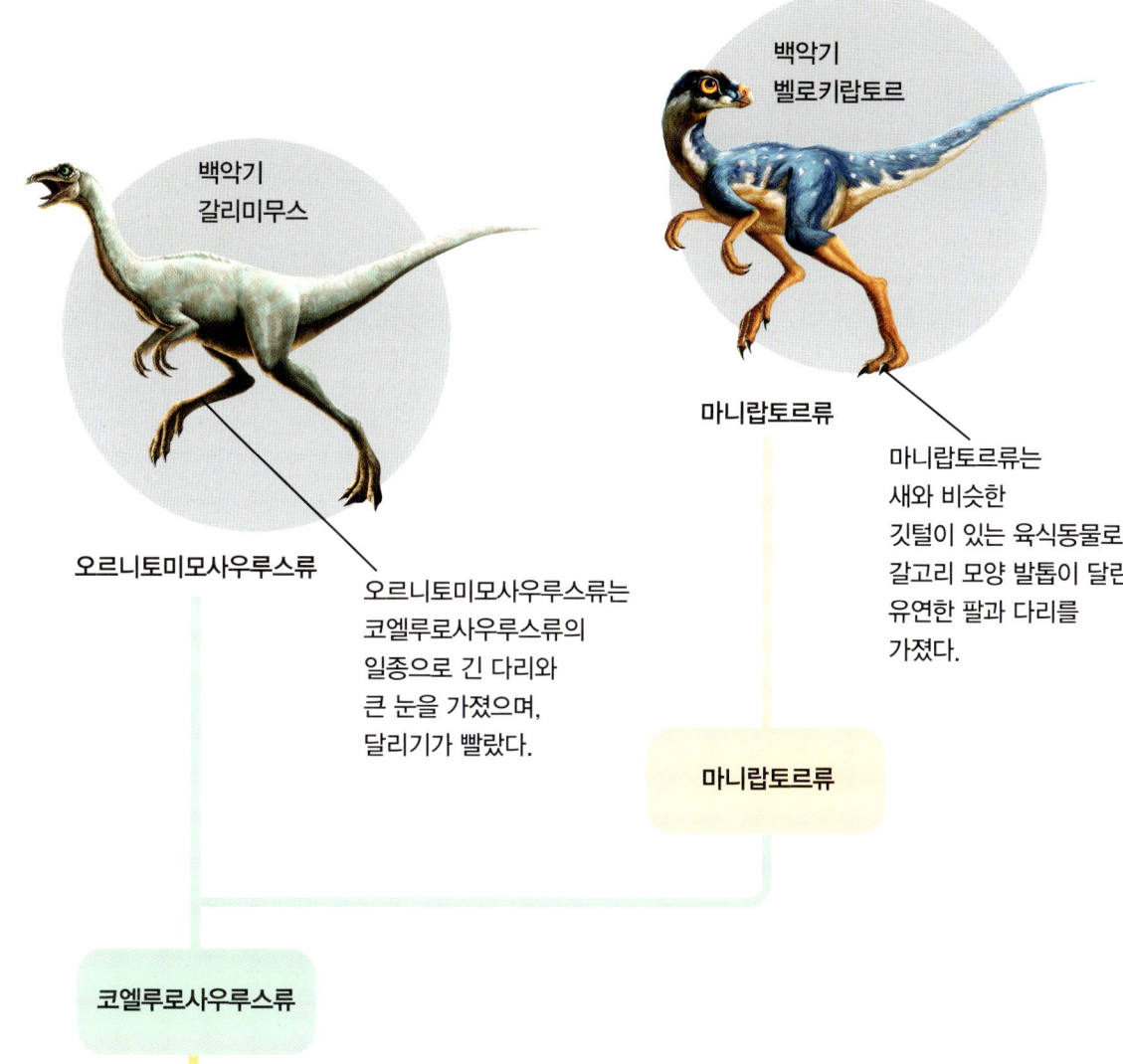

백악기
갈리미무스

백악기
벨로키랍토르

오르니토미모사우루스류

마니랍토르류

오르니토미모사우루스류는 코엘루로사우루스류의 일종으로 긴 다리와 큰 눈을 가졌으며, 달리기가 빨랐다.

마니랍토르류는 새와 비슷한 깃털이 있는 육식동물로, 갈고리 모양 발톱이 달린 유연한 팔과 다리를 가졌다.

마니랍토르류

코엘루로사우루스류

코엘루로사우루스류는 쥐라기 중기에 탄생해 매우 번영한 수각류로, 기본적인 형태는 이족 보행 공룡이다. 티라노사우루스는 이 그룹에 속한다. 티라노사우루스의 팔이 작은 것은 사냥에 팔을 사용할 필요가 없었기 때문으로 추정된다.

오르니토미무스의 골격

쥐라기의 생물
디모르포돈

중형 크기의 익룡이다. 뼈는 비었으며 비행에 적합한 특징을 가졌다. 날개에는 갈고리 달린 손가락이 3개 있으며, 이것을 이용해 절벽을 쉽게 오를 수 있었다.

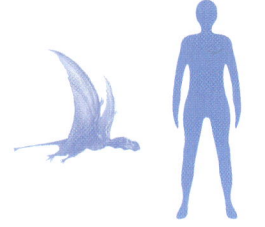

학명 : *Dimorphodon*
날개를 펼친 길이 : 1.4m
먹이 : 다른 동물
서식지 : 해변이나 산 근처
발견된 곳 : 영국
생식시기 : 쥐라기 전기

쥐라기의 생물
람포링쿠스

학명 : *Rhamphorhynchus*
날개를 펼친 길이 : 최대 2.0m
먹이 : 어류
서식지 : 불명
발견된 곳 : 유럽, 아프리카
생식시기 : 쥐라기 중기~후기

각 손의 4번째 손가락이 길게 뻗어 있으며 그곳에서 날개의 막을 펼쳤다. 날카로운 이빨은 밖을 향해 늘어서 있는데 이것은 길쭉하고 미끄러운 물고기를 잡으려면 반드시 필요했다. 꼬리 끝에 달린, 폭이 넓은 나뭇잎 모양의 막은 방향을 잡을 때 쓰였다.

저건…
마크로플라타다!

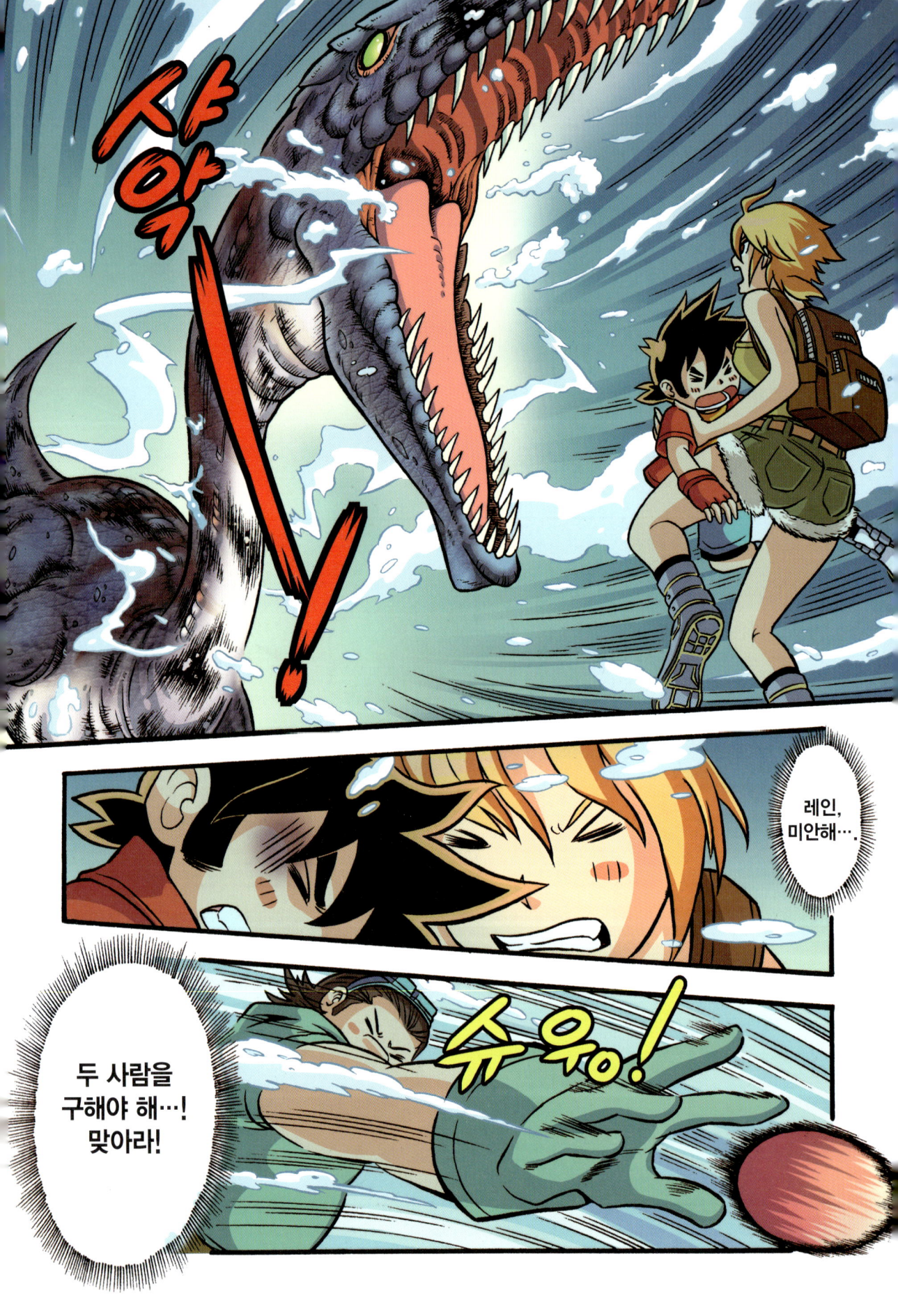

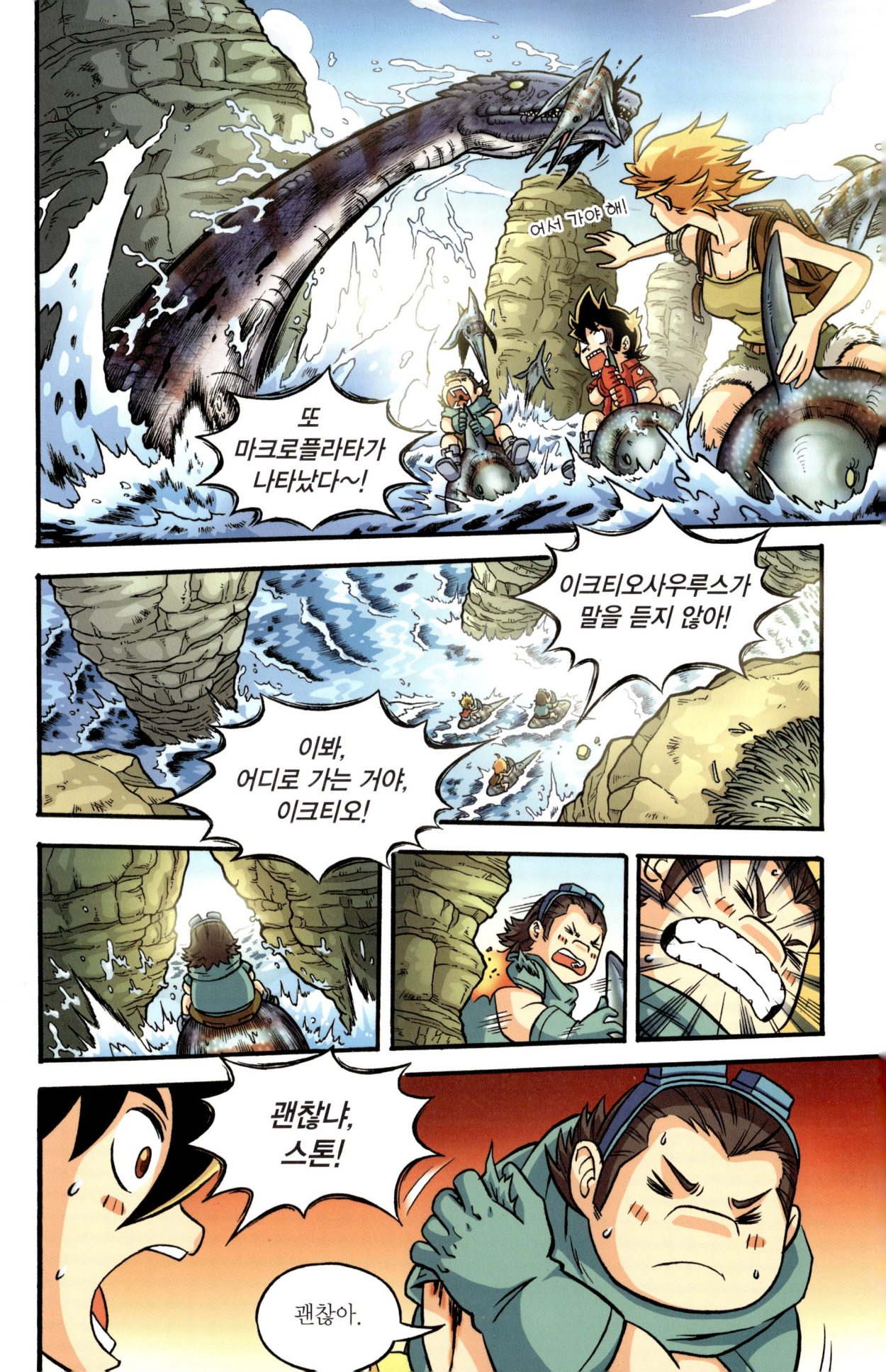

쥐라기의 생물
마크로플라타

마크로플라타는 수장룡의 일종으로 커다란 견갑골을 가지고 있어 이런 이름이 붙었다([큰 판]이란 뜻). 유선형의 몸으로 쥐라기의 바다를 우아하게 헤엄쳤으며 스피드와 민첩성도 뛰어났다.

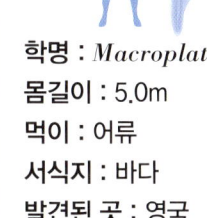

학명 : *Macroplata*
몸길이 : 5.0m
먹이 : 어류
서식지 : 바다
발견된 곳 : 영국
생식시기 : 쥐라기 전기

쥐라기의 생물
스테노프테리기우스

현대의 돌고래와 비슷한 몸을 가졌으며 민첩성보다는 스피드에 뛰어났다. 그렇다고 해서 움직임이 둔한 것은 결코 아니었다.

학명 : *Stenopterygius*
몸길이 : 4.0m
먹이 : 어류
서식지 : 바다
발견된 곳 : 유럽
생식시기 : 쥐라기 중기~후기

쥐라기의 생물
이크티오사우루스

가장 자세히 연구되고 있는 수생 파충류 중 하나다. 화석이 자주 발견되었기 때문인데, 모두 거의 완전한 형태로 보존되어 있었다. 지느러미의 구조나 물고기 같은 몸의 형태 덕분에 물속을 자유자재로 헤엄쳐 다녔을 것으로 보인다.

학명 : *Ichthyosaurus*
몸길이 : 2.0m
먹이 : 어류
서식지 : 바다
발견된 곳 : 유럽
생식시기 : 쥐라기 전기

쥐라기의 생물
템노돈토사우루스

쥐라기의 동물 중에서 가장 큰 눈을 가졌다치!

학명 : *Temnodontosaurus*
몸길이 : 9.0m
먹이 : 어류
서식지 : 얕은 바다
발견된 곳 : 유럽
생식시기 : 쥐라기 전기

돌고래와 비슷한 몸과 육식공룡처럼 날카로운 이빨, 민감한 코를 가졌지만 그보다 특이한 점은 눈이다. 눈알의 평균 직경은 약 30cm로 뛰어난 시력 덕분에 어두운 심해에서도 먹잇감을 찾을 수 있었을 것으로 보인다.

4장
할아버지와의 약속

부스럭!
또 뭔가 있는 거야?!
적은 수가 무리지어 행동할 텐데!
부스럭! 부스럭!
우지끈!
그런데 왜 이렇게 나무가 흔들리는 거죠?! 지진인가?!
쿠-웅! 쿠-웅!
얼른 여기서 빠져나가자!
같이 가~!

여기는 에밀리.

영상은 확실히 받았다!

레인이 한심한 꼴로 하늘을 날아가는 영상!

이제 다이애나도 레인과 함께 모험하는 게 얼마나 피곤한 일인지 알 거예요….

응? 방금 누가 말한 거지?

그것은 바로 나, 숀이에요!

지능범 등장!

숀! 너, 감기 걸린 거 아니었냐?!

가자!

감히 날 속였겠다, 나쁜 녀석~!

용서 못 해!

우엑?!

쥐라기의 생물
딜로포사우루스

수많은 먹잇감을 사냥한, 쥐라기 전기에 가장 번영했던 육식공룡이다치!

초기의 수각류로, 머리 위에 2장의 볏이 있어 이런 이름이 붙었다 ([딜로포사우루스]는 그리스어로 [2개의 돌기를 가진 도마뱀]을 의미한다). 이 볏은 보기엔 멋있지만 얇고 무척 약해서 이성의 관심을 끌기 위한 용도였을 것으로 추측된다. 튼튼한 다리와 날카로운 갈고리, 강력한 턱을 갖고 있어 쥐라기 전기에 가장 무서운 육식공룡이었다.

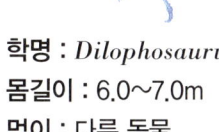

학명 : *Dilophosaurus*
몸길이 : 6.0~7.0m
먹이 : 다른 동물
서식지 : 큰 숲, 밀림
발견된 곳 : 북아메리카, 중국
생식시기 : 쥐라기 전기

쥐라기의 생물
크리올로포사우루스

학명 : *Cryolophosaurus*
몸길이 : 6.0m
먹이 : 다른 동물
서식지 : 온난한 지역
발견된 곳 : 남극 대륙
생식시기 : 쥐라기 전기

현재의 남극에 해당하는 지역에 살았다. 당시엔 그리 춥지 않았지만, 쥐라기의 특징인 늘 여름 같은 기후와는 거리가 멀었다. 그래서 크리올로포사우루스는 온혈 동물이었을 거라 생각하는 연구자도 있다. 머리 꼭대기에 달린 볏은 이성의 관심을 끌기 위한 것으로 추정된다.

쥐라기의 생물
바라파사우루스

다수의 골격이 발견되었지만 머리와 다리의 완전한 뼈는 확인되지 않아 전체 모습은 불확실하다. 하지만 사족 보행을 의미하는 골격이 발견되었기 때문에 식물을 먹었던 것은 분명하다.

- 학명 : *Barapasaurus*
- 몸길이 : 18.0m
- 먹이 : 식물
- 서식지 : 평지
- 발견된 곳 : 인도
- 생식시기 : 쥐라기 전기

쥐라기의 생물
타조우다사우루스

- 학명 : *Tazoudasaurus*
- 몸길이 : 9.0m
- 먹이 : 식물
- 서식지 : 적도 부근 밀림
- 발견된 곳 : 모로코
- 생식시기 : 쥐라기 전기

분류적으로 가까운 종인 불카노돈과 마찬가지로 톱니 모양의 이빨을 사용해 나뭇잎을 잘게 씹어 자른 후 삼켰다.

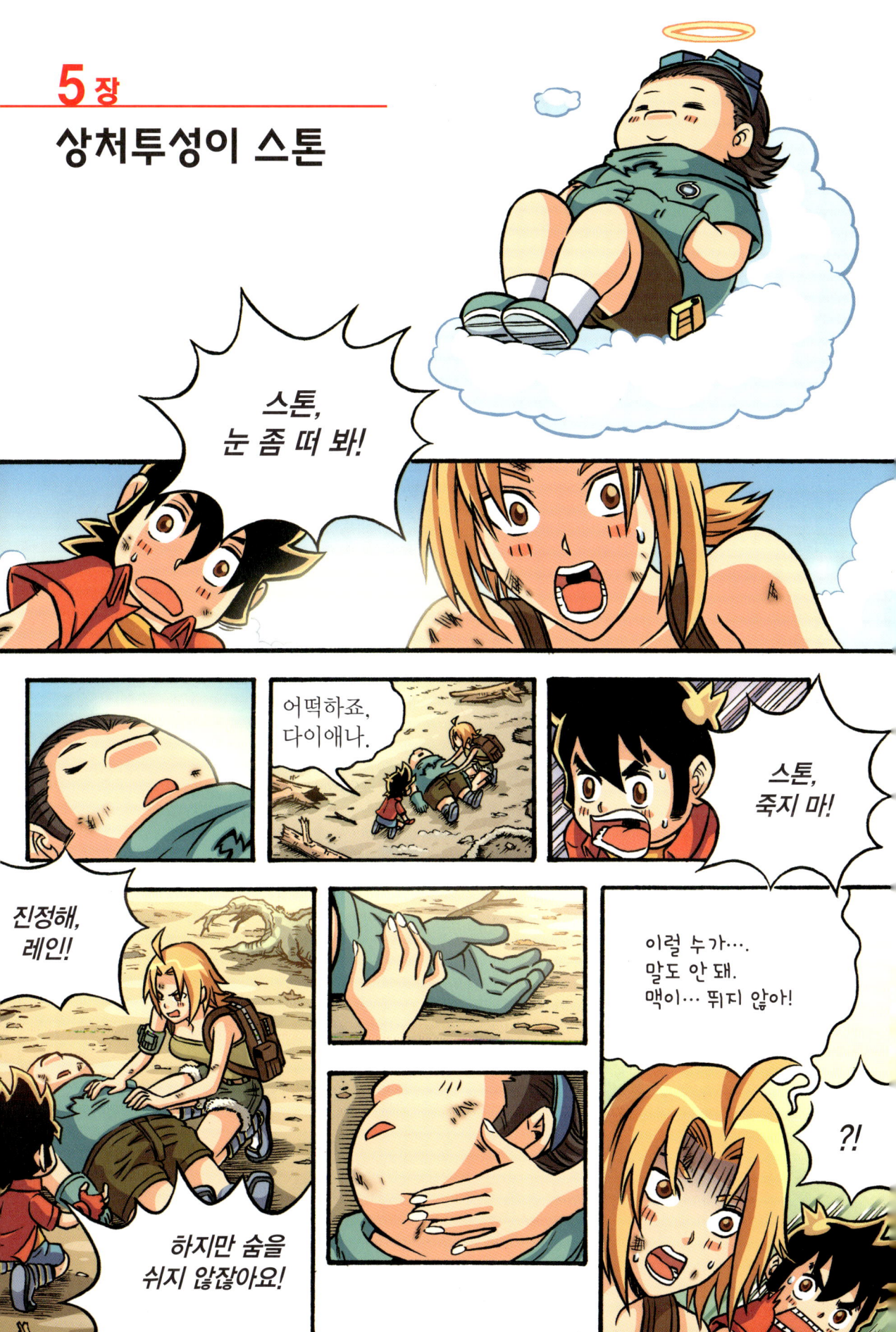

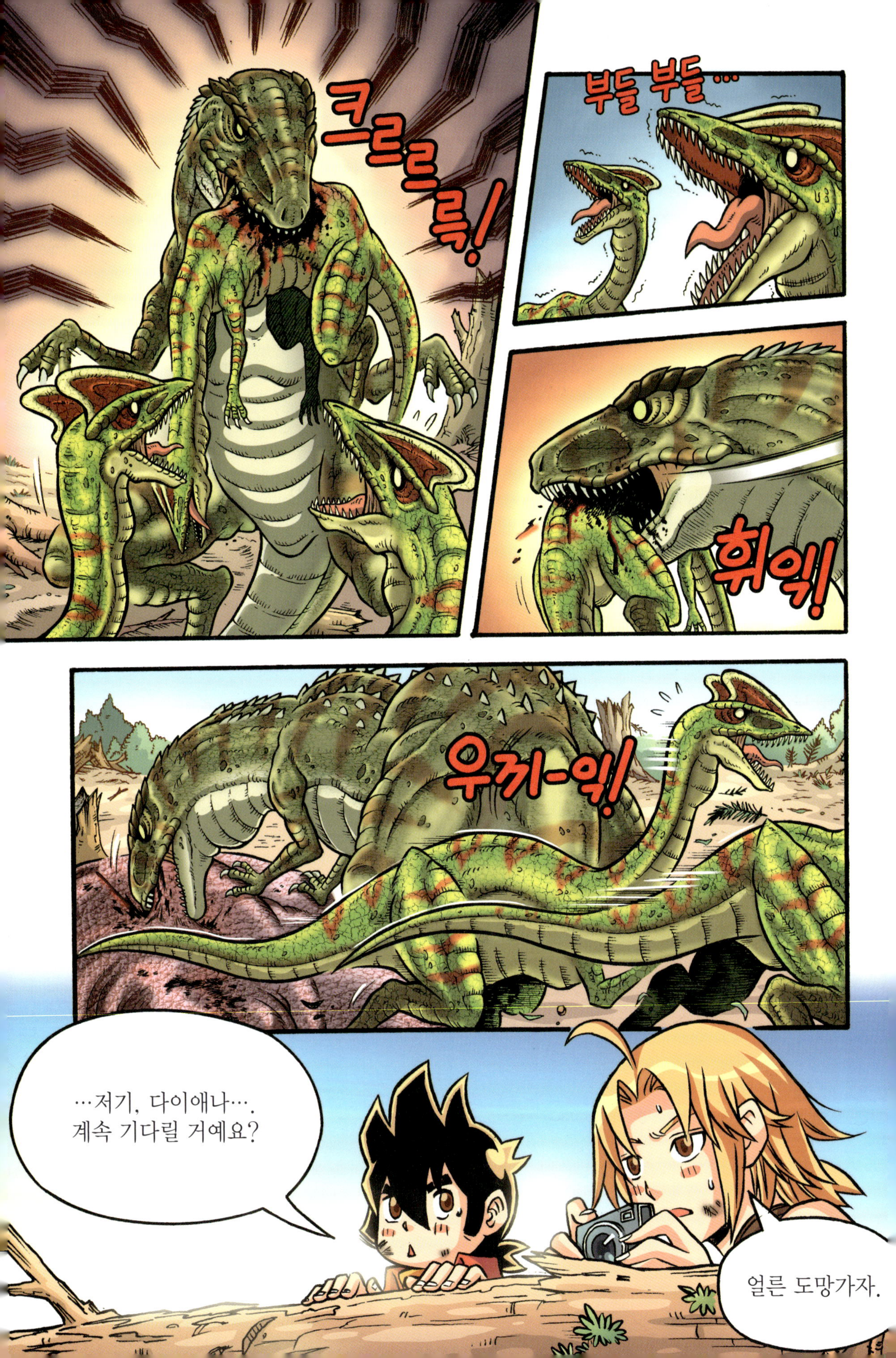

크르륵!

부들 부들…

휘익!

우끼-익!

…저기, 다이애나….
계속 기다릴 거예요?

얼른 도망가자.

쥐라기의 생물
메갈로사우루스

학명 : *Megalosaurus*
몸길이 : 9.0m
먹이 : 다른 동물
서식지 : 삼림
발견된 곳 : 유럽, 북아메리카, 아시아
생식시기 : 쥐라기 중기~후기

맨 처음 이름이 붙은 공룡이다치!

학술 문헌에 최초로 기록된 공룡이다. 육식성 수각류로 자유롭게 움직이는 목이 발이 빠른 먹잇감을 잡는 데 쓸모가 있었을 것으로 보인다. 꼬리로 균형을 잡고 튼튼한 다리로 재빠르게 움직일 수 있었다.

쥐라기의 생물
후양고사우루스

학명 : *Huayangosaurus*
몸길이 : 4.5m
먹이 : 식물
서식지 : 강 근처
발견된 곳 : 중국
생식시기 : 쥐라기 중기

초기의 검룡류의 공룡으로 짧지만 높이가 있는 두개골을 가졌다. 현재까지 발견된 검룡류 중에서는 작은 편이지만 두 줄로 늘어선 가시 모양의 골판, 어깨의 가시, 가시가 달린 꼬리가 적으로부터 몸을 지키는 강력한 무기가 되었다.

조반류의 진화

조반류는 두 개의 큰 공룡 그룹 중 하나다. 비슷한 종류로는 갑옷을 가진 개룡(鎧龍), 뿔이 있는 각룡(角龍) 등이 있다. 허리의 구조가 새를 닮았으며(새와 같은 골반 구조를 가져 조반류라는 이름이 붙었다.) 초식에 적합한 이빨이 특징적이다.

스테고사우루스

검룡류는 골판이 등에 두 줄로 늘어서 있다.

검룡류·개룡류

레소토사우루스는 조반류의 조상으로 추정된다.

레소토사우루스

등을 덮은 골판과 돌기, 뿔이 몸을 단단히 보호한다.

백악기 에드몬토니아

장순류(裝盾類)

조반류(鳥盤類)

조반류의 전치골
전치골은 아래턱 끝에서 튀어나와 있다. 조반류의 전치골은 독자적으로 움직일 수 있는데 이것으로 식물을 씹었다.

쥐라기 헤테로돈토사우루스의 머리와 턱

오우라노사우루스 (백악기)의 머리와 턱

입속에 난 강력한 이빨
게나사우리아는 먹이를 짓이기는 강력한 어금니를 가졌으며 두개골 양쪽에 구멍이 있다.

U자 모양을 한 전치골
이것을 가진 공룡에게는 단단한 [부리]가 된다.

파키케팔로사우루스는 단단하고 두꺼운 돔 모양의 두개골을 가졌다. 이것은 이성의 관심을 끌기 위해서거나 또는 싸움에 활용되었을 것으로 보인다.

이구아노돈 및 그와 비슷한 공룡은 조각류(새와 같은 다리를 가진 공룡)로 분류된다. 두 개의 다리로도 능숙하게 걸을 수 있지만 평소엔 사족 보행을 했다.

트리케라톱스

각룡류

각룡류는(대부분이 뼈로 된 프릴과 뿔을 가졌다.) 독특한 [부리]를 가졌다.

견두룡류

주식두류(周飾頭類)

두개골 뒤로 뼈가 솟아오르거나 프릴 모양을 한 경우가 많다.

조각류(鳥脚類)

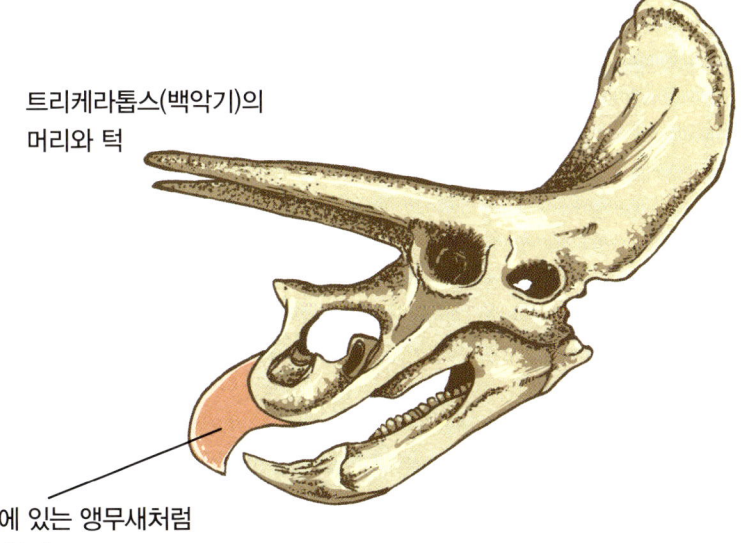

트리케라톱스(백악기)의 머리와 턱

위턱에 있는 앵무새처럼 생긴 부리

쥐라기의 생물
스켈리도사우루스

학명 : *Scelidosaurus*
몸길이 : 4.0m
먹이 : 식물
서식지 : 강이 흐르는 계곡
발견된 곳 : 영국, 북아메리카
생식시기 : 쥐라기 전기

가장 오래된 장순류(뼈로 된 가시나 갑옷을 가진 공룡)의 일종으로 목에서부터 꼬리까지 가시와 뼈 성분의 갑옷이 덮여 있다.

쥐라기의 생물
모르가누코돈

겉모습이 현대의 쥐와 비슷하며, 그 자손이 최종적으로 인간을 시작으로 하는 현대 포유류의 기초를 만든 것으로 알려져 있다.

학명 : *Morganucodon*
몸길이 : 10cm
먹이 : 곤충류
서식지 : 삼림, 밀림
발견된 곳 : 중국, 영국
생식시기 : 트라이아스기 후기~쥐라기 전기

6장
집요한 추격자

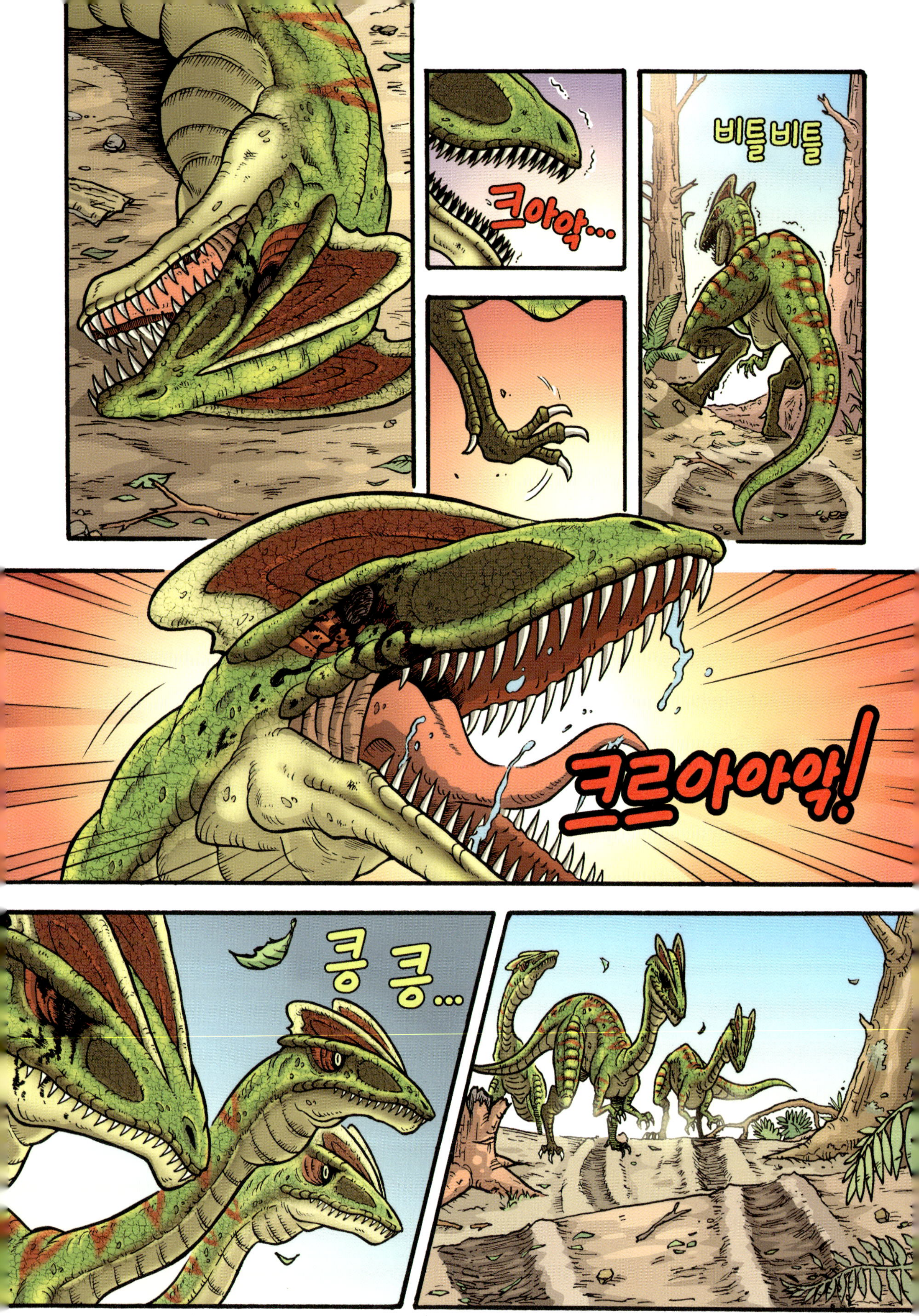

쥐라기의 생물
안키사우루스

삼각형에 가까운 머리와 길고 좁은 코끝을 가졌다.
목도, 몸통도, 꼬리도 길다.

학명 : *Anchisaurus*
몸길이 : 1.7~2.5m
먹이 : 식물
서식지 : 삼림 주변
발견된 곳 : 북아메리카, 중국
생식시기 : 쥐라기 전기

쥐라기의 생물
레소토사우루스

명 : *Lesothosaurus*
몸길이 : 1.0m
먹이 : 식물
서식지 : 반건조 지대
발견된 곳 : 아프리카 남부
생식시기 : 쥐라기 전기

끝이 뾰족한, 홈이 있는 이빨은 식물을 씹을 때 유용했다.
이 크기의 공룡 중에는 뒷발이 길고 달리기가 빠른 편이었다.

쥐라기의 생물
파브로사우루스

레소토사우루스와 상당히 비슷한 조각류. 가벼운 몸과 작은 앞다리가 특징이다. 늘 빠른 속도로 돌아다니며 몸의 반을 차지하는 긴 꼬리로 균형을 잡았다.

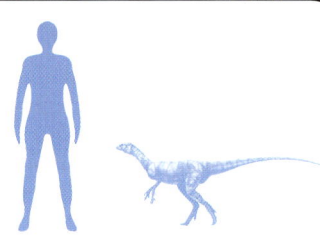

학명 : *Fabrosaurus*
몸길이 : 1.0m
먹이 : 식물
서식지 : 반건조 지대
발견된 곳 : 아프리카 남부
생식시기 : 쥐라기 전기

쥐라기의 생물
스쿠텔로사우루스

온몸이 골판으로 완전히 덮여 있으며, 목부터 꼬리까지 삼각형의 가시가 있어(이름은 [작은 방패를 가진 도마뱀]이란 뜻) 장순류로 분류된다. 스켈리도사우루스와 비슷한 종이지만 스켈리도사우루스가 사족 보행밖에 못 한 것과 달리 스쿠텔로사우루스는 이족 보행이 가능했다.

학명 : *Scutellosaurus*
몸길이 : 1.2m
먹이 : 식물
서식지 : 불명
발견된 곳 : 북아메리카
생식시기 : 쥐라기 전기

사족 보행 공룡의 골격

사족 보행을 하는 공룡의 척추뼈는 체중을 받칠 수 있도록 특별한 구조로 연결되어 있다.

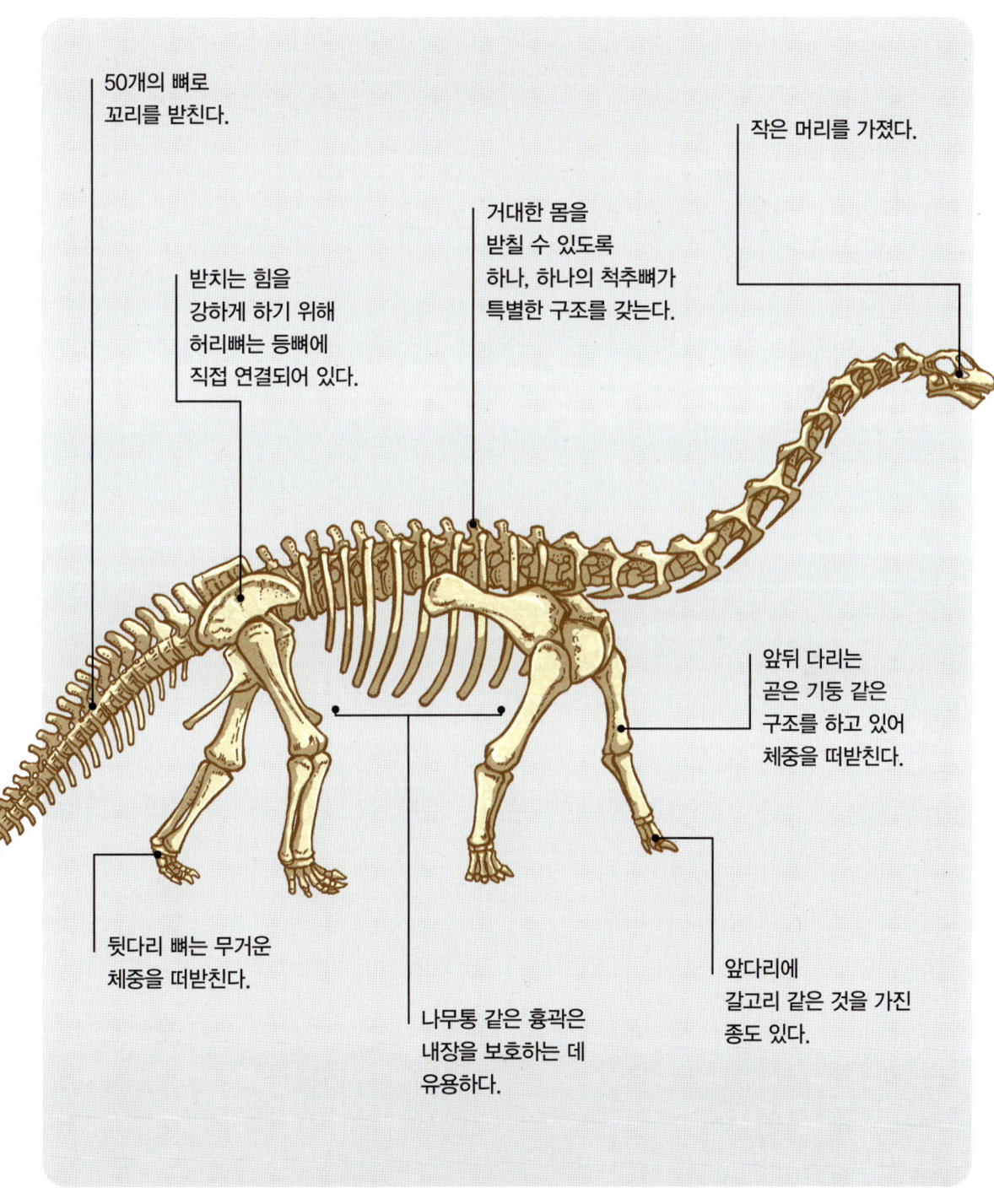

50개의 뼈로 꼬리를 받친다.

받치는 힘을 강하게 하기 위해 허리뼈는 등뼈에 직접 연결되어 있다.

거대한 몸을 받칠 수 있도록 하나, 하나의 척추뼈가 특별한 구조를 갖는다.

작은 머리를 가졌다.

앞뒤 다리는 곧은 기둥 같은 구조를 하고 있어 체중을 떠받친다.

뒷다리 뼈는 무거운 체중을 떠받친다.

나무통 같은 흉곽은 내장을 보호하는 데 유용하다.

앞다리에 갈고리 같은 것을 가진 종도 있다.

이족 보행 공룡의 골격

이족 보행을 하는 공룡은 팔을 이용해 몸을 보호하거나 먹잇감을 찾는다. 대부분은 달리는 힘을 최대한 키우고, 재빠르게 움직일 수 있도록 긴 뒷다리를 가졌다.

육식공룡은 눈이 앞을 향해 있는 경우가 많다. 이로써 먹잇감에 초점을 맞춰 뚜렷하게 볼 수 있다.

긴 꼬리로 균형을 잡았다.

손에는 방어와 공격에 유용한 갈고리를 가진 것도 있다.

몸의 뼈는 길고 가벼워 속력과 민첩성을 높이는 데 한몫했다.

특수한 다리를 갖고 있어 가볍게 돌아다닐 수 있다.

공룡의 골격

육식 딜로포사우루스

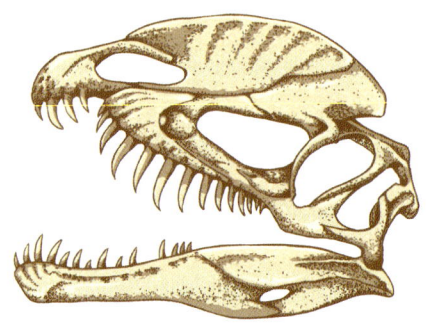

턱 관절과 이빨이 같은 높이에 있기 때문에 턱이 가위처럼 움직여 고기를 쉽게 끊어 낼 수 있다.

초식 마소스폰딜루스

턱 관절이 이빨이 마주 닿는 면보다 아래쪽에 있다. 나뭇가지를 훑어 잎을 떼어 내 씹어 먹었다.

조—용...

...특별히 이상한 건 없는데···. 줌으로 자세히 볼게.

앗, 저건!

정면 문이 열려 있어!

어느 바보가 문도 안 닫고 나온 거야?!

나도 이제 나이가 있다 보니 건망증이 심해져서···.

레인!
박사님 실수를 인정하라고요~!
응?
퍼―엉!
뭔가가 폭발했어요!
타임머신이 망가지면 그땐 정말 돌아갈 수 없다!
부르릉!
이게 다 박사님 때문이잖아요~!
미, 미안하다….

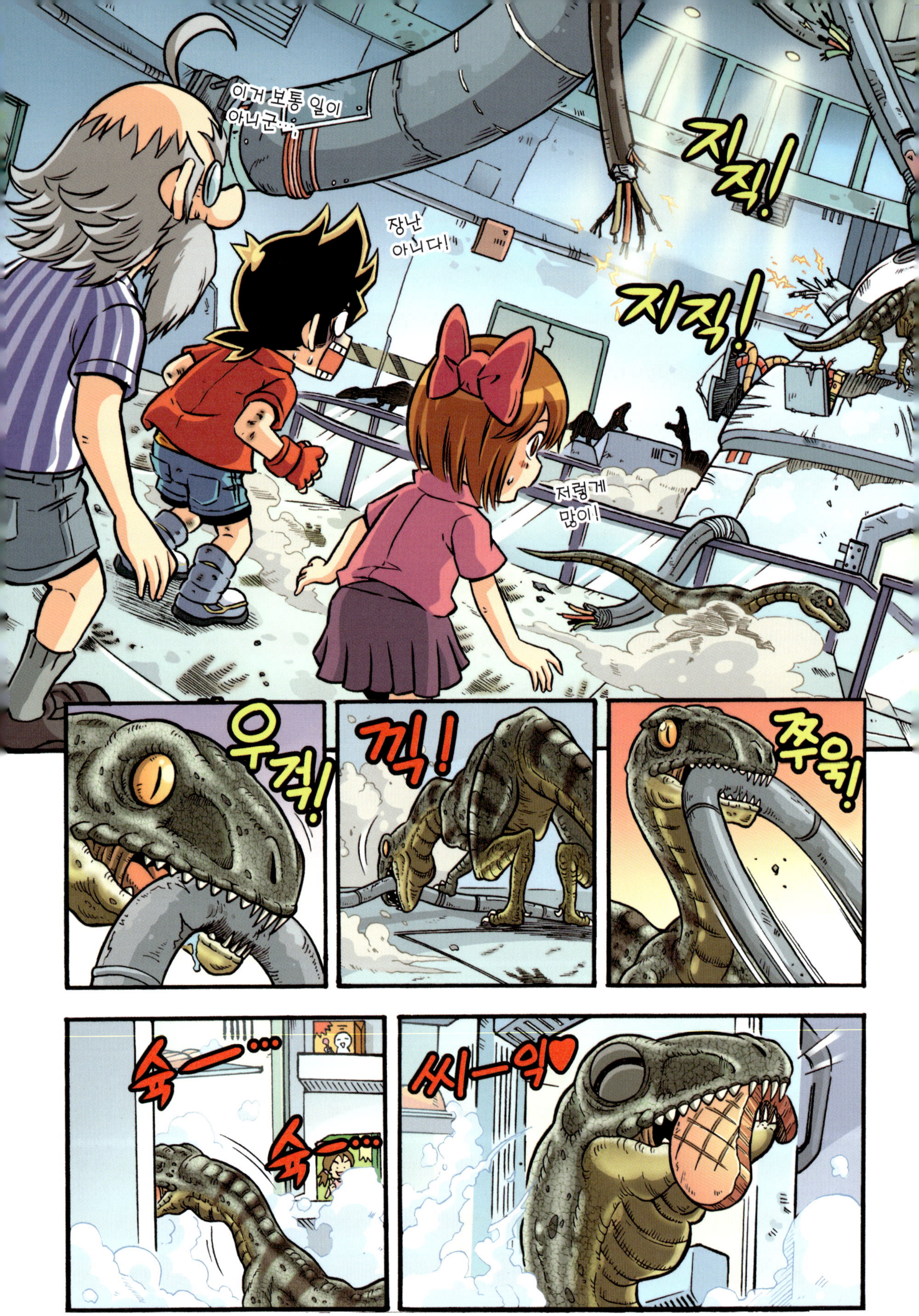

21세기로 돌아가면 레스토랑이라도 열까….

어라? 레인은 어디 갔죠?

야! 내 건 건드리지 마!

스톤보다 더 먹보네요….

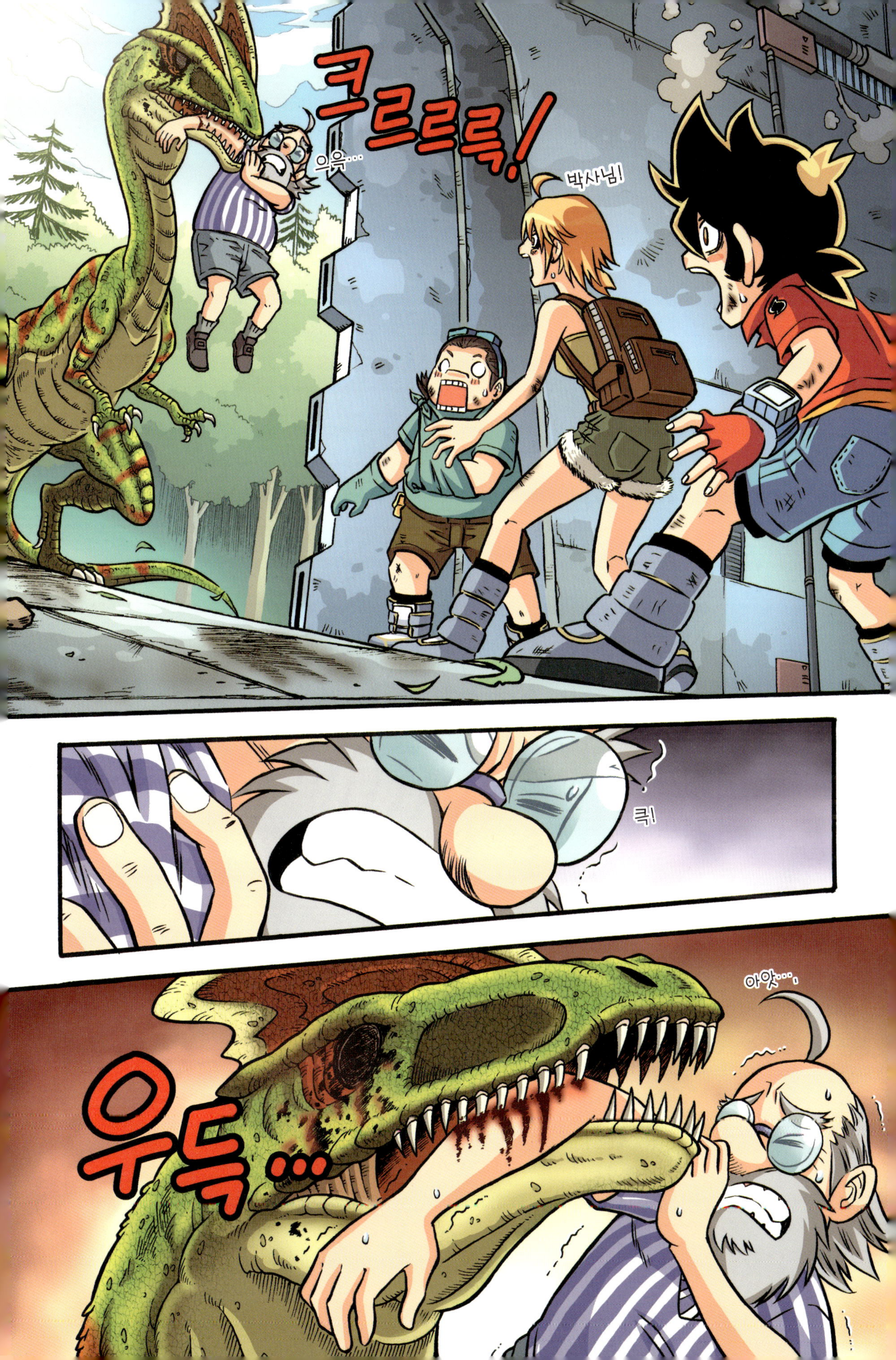

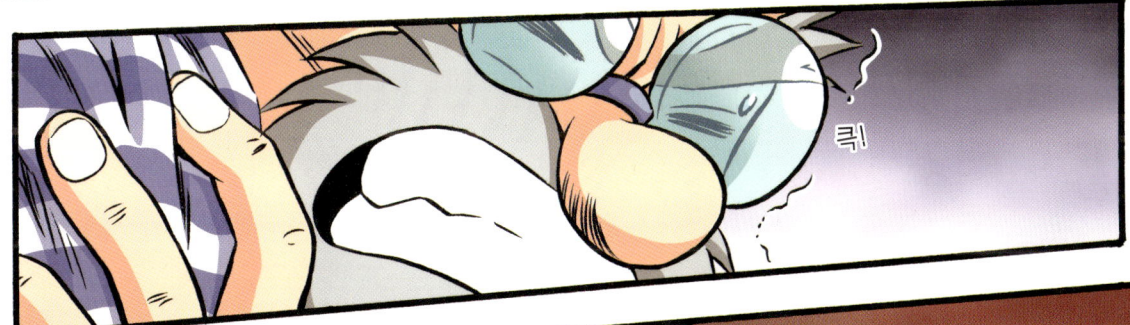

어떡하지…

크르륵… 크르르! 크르륵!

에잇 에밀리… 던질까…

척!

우리와 한번 싸워 보겠다는 거냐?!

쥐라기의 생물
헤테로돈토사우루스

학명 : *Heterodontosaurus*
몸길이 : 1.2m
먹이 : 식물(잡식이라는 설도 있다)
서식지 : 반건조 지대
발견된 곳 : 아프리카 남부
생식시기 : 쥐라기 전기

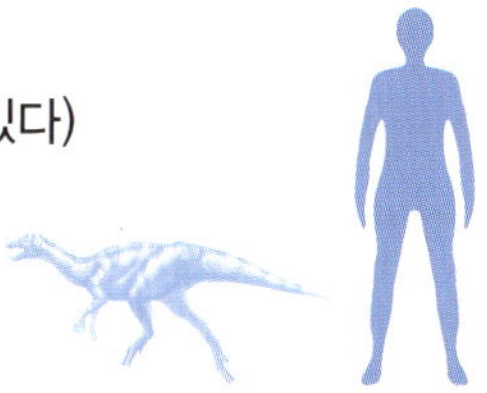

턱 정면에 있는 작은 이빨은 식물의 잎이나 줄기를 씹는 데 쓰였을 것으로 보인다. 또한 어금니와 크고 날카로운 송곳니가 있다. 이렇게 특징적인 이빨을 가진 것으로 보아 잡식이었을 거란 설도 있다.

쥐라기의 생물
피아트니츠키사우루스

학명 : *Piatnitzkysaurus*
몸길이 : 4.3m
먹이 : 다른 동물
서식지 : 삼림
발견된 곳 : 아르헨티나
생식시기 : 쥐라기 중기

흉포한 육식공룡으로 갈고리가 달린 강력한 두 개의 팔을 가졌다.

쥐라기의 생물
리오플레우로돈

고래와 악어 중간쯤 되는 모습을 하고 있으며, 쥐라기의 바다에서 가장 번영한 수장룡이다.

- 학명 : *Liopleurodon*
- 몸길이 : 15.0m
- 먹이 : 어류, 해양 파충류
- 서식지 : 바다
- 발견된 곳 : 유럽
- 생식시기 : 쥐라기 중기~후기

쥐라기의 생물
크립토클리두스

- 학명 : *Cryptoclidus*
- 몸길이 : 4.0m
- 먹이 : 어류, 새우
- 서식지 : 바다
- 발견된 곳 : 유럽
- 생식시기 : 쥐라기 후기

쥐라기 후기의 바다에 서식했던 긴 목을 가진 전형적인 수장룡으로, 2m나 되는 긴 목은 30개의 척추뼈로 이루어졌다. 바늘 같은 이빨이 약 100개가 있는데 이것을 그물망처럼 사용해 작은 물고기나 새우 등을 가둬 먹잇감을 사냥했다.

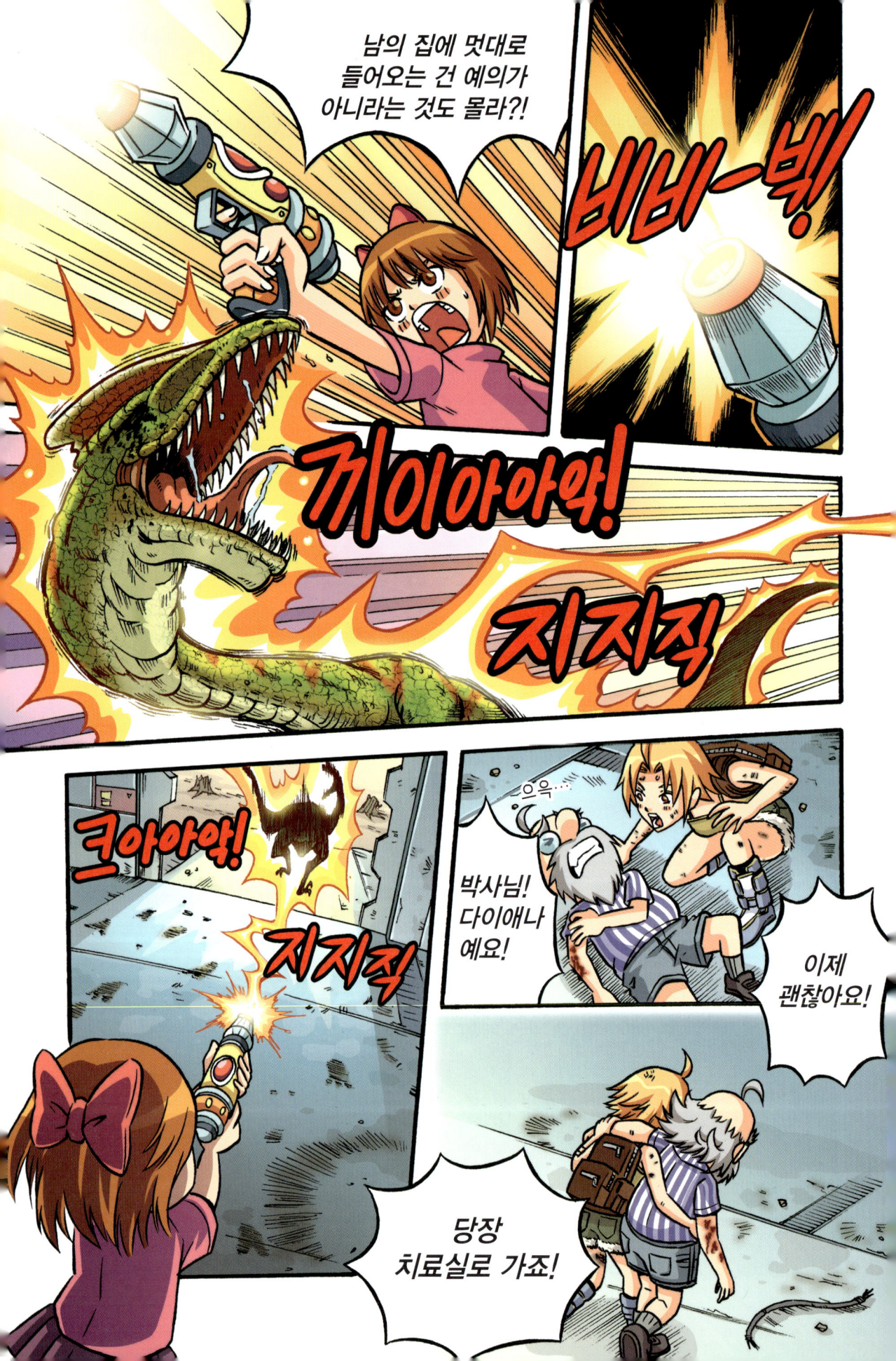

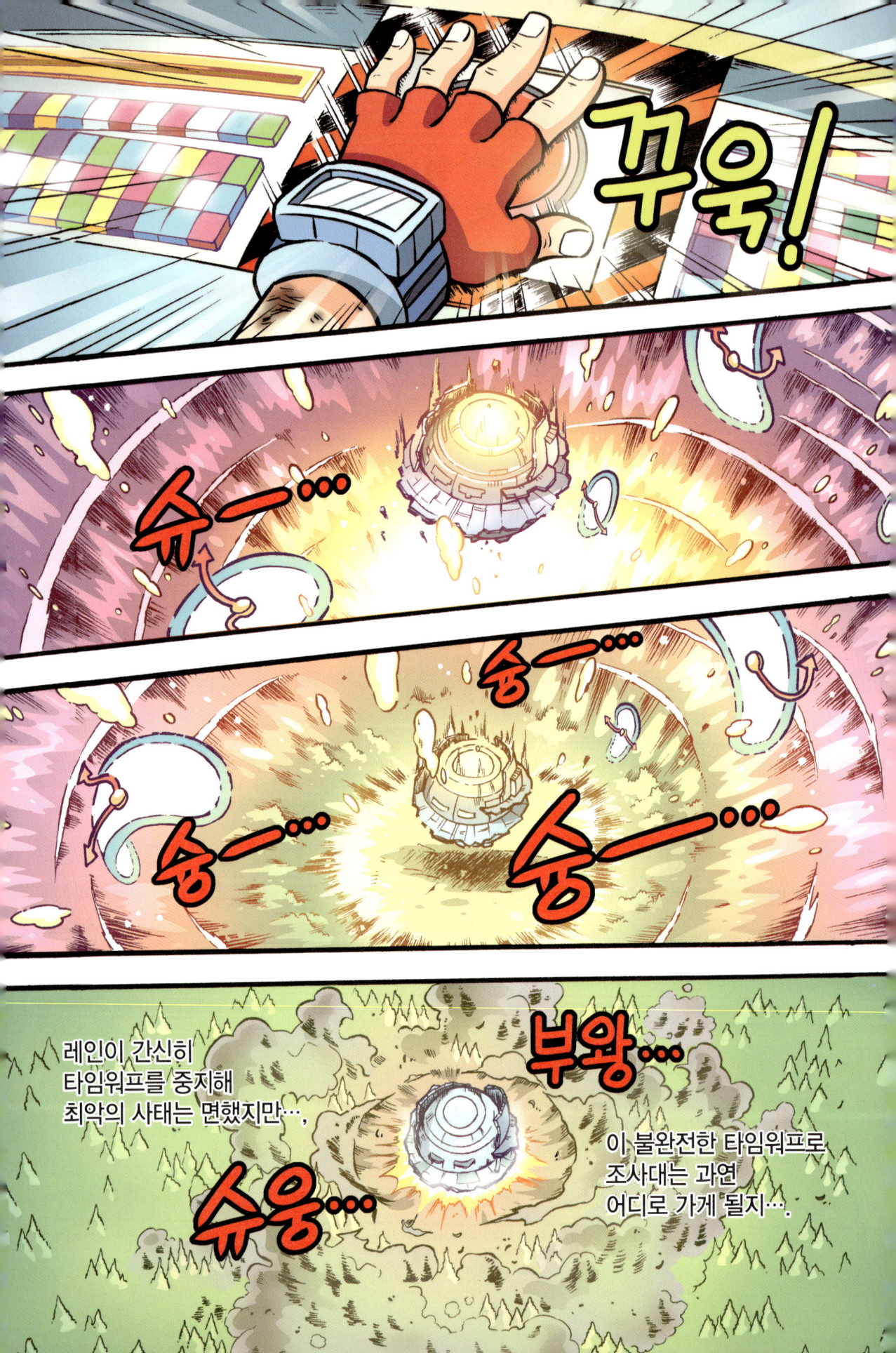

쥐라기의 생물
슈노사우루스

학명 : *Shunosaurus*
몸길이 : 10.0m
먹이 : 식물
서식지 : 강의 범람으로 생긴 평탄한 저지대
발견된 곳 : 중국
생식시기 : 쥐라기 중기

크기가 아프리카코끼리 정도 용각류로, 적이 다가오면 끝이 혹처럼 부푼 꼬리로 쫓아냈다.

쥐라기의 생물
오메이사우루스

17개의 목뼈로 이루어진 긴 목을 가진 큰 용각류이다. 중국에 있는 산을 본따 이름을 지었다.

학명 : *Omeisaurus*
몸길이 : 10.0~20.0m
먹이 : 식물
서식지 : 물가
발견된 곳 : 중국
생식시기 : 쥐라기 중기~후기

쥐라기의 생물
타니스트로페우스

몸통과 꼬리를 합친 것 이상으로 긴 목을 가진 육식공룡이며, 매복했다가 먹잇감을 잡는다. 큰 몸집 때문에 달리 사냥할 방법이 없을 것으로 보인다. 긴 목은 10개의 척추뼈로 이루어졌다.

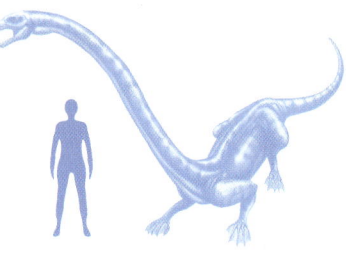

학명 : *Tanystropheus*
몸길이 : 4.0~6.0m
먹이 : 다른 동물
서식지 : 얕은 바다
발견된 곳 : 이탈리아
생식시기 : 트라이아스기 중기~백악기

쥐라기의 생물
옵탈모사우루스

모습은 돌고래와 비슷하지만 실제로는 전혀 다른 생물이다. 돌고래는 포유류에 속하지만, 옵탈모사우루스는 파충류에 속한다. 하지만 유선형의 몸과 물속에서 추진력을 발휘하는 튼튼한 꼬리를 가진 점은 같다. 거대한 눈(이름은 [눈 도마뱀]이란 뜻)을 가졌으며 그 덕분에 어두운 곳이나 야간에도 사냥을 할 수 있었을 것으로 짐작된다.

학명 : *Ophthalmosaurus*
몸길이 : 2.0~4.0m
먹이 : 다른 동물
서식지 : 바다
발견된 곳 : 유럽, 남북 아메리카
생식시기 : 쥐라기 후기

쥐라기의 생물
게오사우루스

학명 : *Geosaurus*
몸길이 : 3.0m
먹이 : 어류
서식지 : 얕은 바다
발견된 곳 : 유럽, 남아메리카
생식시기 : 쥐라기

길쭉하고 작은 몸집을 가졌으며 악어의 조상에 해당한다. 속력을 내기에 최적의 몸이지만 장갑판을 갖고 있었다는 증거는 발견되지 않았다. 요컨대 장갑판을 가진 거대한 악어와는 달리 속도와 유연한 몸을 활용해 사냥하며 살아남았을 것으로 보인다.

쥐라기의 생물
얀두사우루스

학명 : *Yandusaurus*
몸길이 : 1.0~1.6m
먹이 : 식물, 곤충류
서식지 : 밀림, 삼림
발견된 곳 : 중국
생식시기 : 쥐라기 중기

몸의 크기에 비해 매우 튼튼한 뒷다리를 가진 소형 조각류이다.

일본 시리즈 누계 120만부 돌파 초베스트 과학도감 학습만화!

최강 동물들의 박진감 넘치는 배틀! 제11탄!

검둥수리 VS 독수리!!

강력한 힘과 스피드가 무기인 검둥수리 군단과 몸집이 크고 공격적인 독수리 군단의 승부!! 흥미진진한 만화와 함께 동물들의 백과사전으로 보는 상세한 정보까지 가득!!

1권 라이온 VS 호랑이

2권 고릴라 VS 곰

3권 상어 VS 황새치

4권 코끼리 VS 코뿔소

5권 뱀 VS 악어

6권 장수풍뎅이 VS 사슴벌레

7권 고래 VS 대왕오징어

8권 늑대 VS 하이에나

9권 코브라 VS 방울뱀

10권 사마귀 VS 전갈

©2013 KADOKAWA GEMPAK STARZ   (주)학산문화사 발행 ※가까운 서점 및 마트, 인터넷 서점에 있습니다. ※문의처: 02)828-8985   시리즈는 계속 발